Es heißt

FREUNDSCHAFT,

weil man mit Freundinnen alles schafft!

Es gibt Menschen,
die passen einfach
PERFEKT INS HERZ.

FRIENDS

are the family we

CHOOSE

Die besten

FREUNDINNEN

sind nicht die,
die du
jeden Tag siehst,
sondern die,
die du in deinem
Herzen trägst.

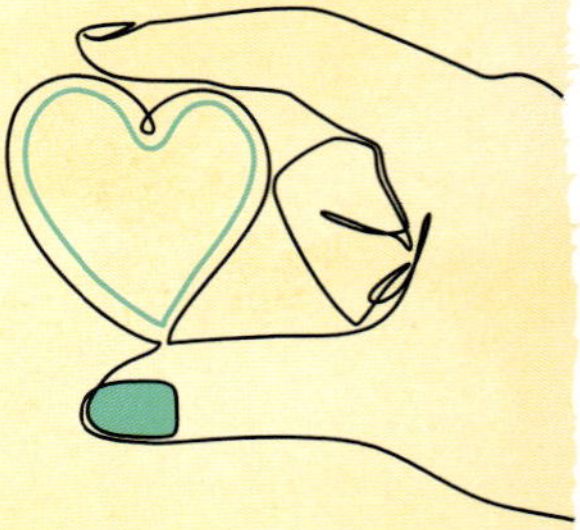

Freunde zu finden
ist leicht.

Sie zu behalten, ist die

WAHRE KUNST.

Wie schön, dass

WIR BEIDE GLEICHZEITIG

auf dieser Welt sind.

BEST FRIENDS

don't let you do
stupid things ...

A·L·O·N·E

Am schönsten ist
die Zeit, in der die Zeit
keine Rolle spielt und dennoch
SO KOSTBAR IST,
dass jeder einzelne
Augenblick zählt.

IRMGARD ERATH

Das Glück
geteilt mit Freunden
ist uns doppelt süß.
EURIPIDES

Mit dir zusammen
ist die Welt

VIEL SCHÖNER.

Du fühlst dich nach **ZUHAUSE** an.

So wie Blumen
das Licht brauchen,
***so sehr braucht
der Mensch die
Freundschaft.***

JUDY PARKER

FREUNDE

sind die Sonne
in unserem Leben.

NINA SANDMANN

Gemeinsame Zeit ist wie

GEMEINSAMES GLÜCK.

KIRSTEN SCHWERT

MIT DIR ENTSPANNEN
ist Wellness für
die Seele.

GUTE FREUNDE

sind wie eine
Wärmflasche gegen
die kalte Welt.

ARTHUR LINDNER

Die kleinen FREUDEN wärmen das HERZ

AUS ITALIEN

DIE PFLEGE VON FREUNDSCHAFTEN

halte ich für die wichtigste Altersvorsorge.

PETER E. SCHUMACHER

Das wertvollste

GESCHENK

einer Freundin ist die

ZEIT

die sie mit dir verbringt.

Wir müssen für immer befreundet bleiben.

DU WEISST ZU VIEL ...

Die besten Erinnerungen
entstehen aus den schlechtesten Ideen mit deiner besten Freundin!

An Menschen,
die fest zu uns halten,
sollten wir
UNBEDINGT FESTHALTEN.

ERNST FERSTL

Freundschaft
WÄRMT DIE SEELE,
wenn sich die Sonne
mal wieder versteckt.

DREAM

TEAM

EINE FREUNDIN

ist eine Person, die weiß, was du sagst, auch wenn du nicht redest.

SARAH BENNETT

Manche Menschen geben deiner Welt etwas Besonderes.

EINFACH, WEIL ES SIE GIBT.

Mit dir als beste Freundin
hab ich sowas von den

geknackt.

You rock!
ABSOFUCKINGLUTELY.

Du bist

TOLL,

EINZIGARTIG,

PHÄNOMENAL

und sowas von

GENUG

Es gibt nur eine Möglichkeit,
einen Freund zu haben:

MAN MUSS SELBER EINER SEIN.

RALPH WALDO EMERSON

LIEBLINGS-MENSCH

Wort halten.
Hand halten.
DURCHHALTEN.

Auch wenn es mal schwierig wird –

ZUSAMMEN KRIEGEN WIR DAS HIN!

Wir sind FREUNDINNEN fürs LEBEN

DIE BESTEN FREUNDE

erkennt man daran, dass sie unser Lebenspuzzle perfekt ergänzen.

IRMGARD ERATH

You feel like
warm sunshine!

Es gibt Menschen,
die den ganzen Tag
VERSCHÖNERN
können – allein durch
ihre Anwesenheit.

Weißt du eigentlich, wie

GROSSARTIG DU

BIST?!

Freude und
Freundschaft sollten
**Hand in Hand
gehen.**
FRIDA INGEBORG
ROMAY

BECAUSE OF YOU,

I laugh a little harder,
cry a little less
and smile a lot more.

DU MACHST MICH STARK!

Auf Freundschaft.
Auf Erinnerungen.
Auf Abenteuer.
Auf Partynächte.
Auf Lachanfälle.

AUF UNS!

FRIENDSHIP GOALS!

Wollen wir

FREUNDE BLEIBEN?

Humor ist eine der wichtigsten Zutaten im

REZEPT

einer gelungenen

FREUNDSCHAFT.

MARLA LENNARD

Mit dir ist das
Leben extra süß.

GLÜCKLICHE MOMENTE,

die wir gemeinsam genießen,
sind die schönsten Geschenke
des Lebens.

ALEXANDRA HEINRICH

FREUNDINNEN

müssen sich nichts
beweisen, sie selbst sind
der Beweis, dass sich
alles Wunderbare findet.

ELFRIEDE ENGEL

Glück ist,

EINE FREUNDIN

wie

DICH

zu haben.

A friend is a gift
you give yourself.

FREUNDSCHAFT

muss nicht perfekt sein,

SONDERN ECHT.

Besuchen Sie uns im Internet: www.groh.de

Landsberger Straße 346, 80687 München

Textnachweis: Wir danken allen Autoren bzw. deren Erben, die uns freundlicherweise die Erlaubnis zum Abdruck von Texten erteilt haben, sowie www.aphorismen.de und Herrn Ernst Ferstl, www.gedanken.at

Bildnachweis Cover & Innenteil: Shutterstuck.com, oneinchpunch/stock.adobe.com.

Cover & Layout: Sabine Schröder

Satz: Konstantin Wohofsky | wohofsky.net

Gesamtherstellung: Printfactory, Istanbul

ISBN 978-3-8485-0269-1

Kontaktadresse nach EU-Produktsicherheitsverordnung:
produktsicherheit@droemer-knaur.de

8 7 6 5 4

FSC www.fsc.org
MIX
Papier | Fördert gute Waldnutzung
FSC® C130076